SÉANCE

DE

L'ACADÉMIE FRANÇAISE

Du 27 avril 1882

DISCOURS DE RÉCEPTION

DE

M. LOUIS PASTEUR

RÉPONSE

DE

M. ERNEST RENAN

DIRECTEUR DE L'ACADÉMIE FRANÇAISE

C · L

PARIS

CALMANN LÉVY, ÉDITEUR

RUE AUBER, 3, ET BOULEVARD DES ITALIENS, 15

A LA LIBRAIRIE NOUVELLE

1882

DISCOURS DE RÉCEPTION

DE

M. LOUIS PASTEUR

MESSIEURS,

Au moment où je me présente devant cette illustre assemblée, je sens renaître l'émotion qui s'est emparée de moi le jour où j'ai sollicité vos suffrages. Le sentiment de ce qui me manque me saisit de nouveau, et je serais confus de me trouver à cette place si je n'avais le devoir de reporter à la science elle-même l'honneur pour ainsi dire impersonnel dont vous m'avez comblé.

La science enfante chaque jour des prodiges. Vous avez voulu témoigner une fois de plus de l'impression profonde que le monde, les habitudes de la vie, les lettres à leur tour reçoivent de tant de découvertes accumulées. Si vous avez daigné jeter les yeux sur moi, la nature de mes travaux a sans doute parlé en ma faveur. Par quelques points ils intéressent les manifestations de la vie.

En prouvant que, jusqu'à ce jour, la vie ne s'est

jamais montrée à l'homme comme un produit des forces qui régissent la matière, j'ai pu servir la doctrine spiritualiste fort délaissée ailleurs, mais assurée du moins de trouver dans vos rangs un glorieux refuge.

Peut-être aussi m'avez-vous su gré d'avoir apporté, dans cette question ardue de l'origine des infiniment petits, une rigueur expérimentale qui a fini par lasser la contradiction. Reportons-en toutefois le mérite à l'application sévère des règles de la méthode que nous ont léguée les grands expérimentateurs : Galiléo, Pascal, Newton et leurs émules depuis deux siècles. Admirable et souveraine méthode, qui a pour guide et pour contrôle incessant l'observation et l'expérience, dégagées, comme la raison qui les met en œuvre, de tout préjugé métaphysique ; méthode si féconde que des intelligences supérieures, éblouies par les conquêtes que lui doit l'esprit humain, ont cru qu'elle pouvait résoudre tous les problèmes. L'homme vénéré dont j'ai à vous entretenir partagea cette illusion.

J'ai tant à louer, et de tant de côtés, dans cette belle vie de M. Littré, que vous excuserez ma sincérité si je commence son éloge en marquant mon dissentiment avec ses opinions philosophiques.

Émile Littré avait onze ans, quand son père, employé des droits réunis, obtint un avancement modeste qui le fixa à Paris. Il fit aussitôt suivre à son fils les cours du lycée Louis-le-Grand, où M. Littré fut promptement le premier de sa classe, quoiqu'il eût des rivaux dont plusieurs sont devenus célèbres.

M. Littré se plaisait à reporter à son père la meil-

leure part de ses succès. C'était un de ces fonction-
naires comme nos grandes administrations en offrent
plus d'un exemple, qui, bien au-dessus de la situation
qu'ils occupent, n'ont pu, par la faute des circon-
stances, « remplir tout leur mérite ». Souvent, par une
compensation de la destinée, ces hommes inconnus
préparent à leurs fils une vie glorieuse.

A peine libre de son travail de bureau, le père de
M. Littré se faisait le répétiteur assidu de son fils.
Pour lui venir en aide, il avait appris le grec et plus
tard même il étudia le sanscrit; il avait laissé à tous
ceux qui l'approchaient un si vivant souvenir que
M. Barthélemy Saint-Hilaire, ami de ses enfants, lui
dédia la *Politique* d'Aristote. Les termes de cette dédi-
cace donnent, du père de M. Littré, de son caractère, de son patriotisme, de ses aptitudes philologiques, une idée telle qu'on serait tenté de croire que
l'âme du père avait seule façonné celle du fils.

On se tromperait. M. Littré tenait peut-être plus
encore de sa mère. Femme sans culture, elle avait
une grande énergie morale, un profond sentiment de
la justice, une ardeur extraordinaire pour les principes et les idées généreuses nées de la Révolution.
« C'était une Romaine », dit Sainte-Beuve. Fière de son
fils, ambitieuse pour lui, elle l'entretenait avec orgueil
dans des sentiments de respect et de fidélité aux insti-
tutions républicaines.

Tel est le milieu où fut élevé M. Littré et qui eut
sur son caractère, naturellement docile, bon et recon-
naissant, la plus grande influence.

En quittant le lycée, M. Littré, sur la recommanda-
tion du proviseur, entra comme secrétaire chez le
comte Daru, qui terminait alors sa grande *Histoire
de la république de Venise*. Le jeune secrétaire devint
peu à peu l'ami et l'habitué d'une maison où l'on
appréciait sa douceur obligeante, son goût pour le
travail et ses connaissances, déjà si grandes, qu'outre
le latin et le grec, il savait l'anglais, l'allemand et
l'italien. Il se donnait même la fantaisie de composer
des vers dans ces diverses langues.

« Votre fils, écrivit un jour le comte Daru au père
de M. Littré, vaut mieux que ce que je lui fais
faire. Donnez-lui une carrière. Quelle qu'elle soit,
il y réussira. Comptez du reste sur moi en toute
occasion. »

M. Littré se décida pour la médecine. A vingt-six
ans, il terminait les études de l'internat des hôpitaux
et il était prêt à passer l'examen de docteur quand
son père mourut. Ce fut un coup désastreux pour la
famille devenue pauvre. Comment subvenir aux frais
qu'allaient exiger les examens et aux premières dépen-
ses d'une installation de médecin ?

Le docteur Rayer avait remarqué depuis longtemps
cet étudiant silencieux parmi les élèves les plus assi-
dus à sa clinique de la Charité ; il devina la situation
embarrassée du jeune interne et lui fit des offres de
services que renouvela le libraire Hachette, ami de
collège de M. Littré.

« Je n'ai pas, dit M. Littré, la hardiesse de grever
mon présent en essayant de m'établir médecin. »

Quelque insistance qu'on fît auprès de lui, il s'obstina dans son refus et se mit courageusement à gagner sa vie et celle de sa mère en donnant des leçons de langues étrangères, de mathématiques même, car, avant d'entrer chez le comte Daru, il avait eu un instant l'idée de se préparer aux examens de l'École polytechnique.

« Au commencement de l'année 1831, la bise était venue, c'est M. Littré lui-même qui parle, je me trouvais fort dépourvu et je cherchais des occupations. Le docteur Campaignac, un de mes camarades d'études médicales qui était médecin d'Armand Carrel, me recommanda à lui. Carrel me fit entrer dans la rédaction du *National.* » Chargé du rôle modeste de traducteur des journaux allemands et anglais, M. Littré resta dans cette situation pendant plus de trois années, sans rien faire pour en sortir. « J'étais heureux, dit-il, j'avais libres les matinées que j'employais à suivre l'hôpital, et je passais mes soirées dans d'autres études diverses. »

Le hasard porte quelquefois en avant ceux que la modestie retient en arrière. Le beau discours sur la philosophie naturelle de William Herschell, fils de l'illustre astronome de ce nom, venait de paraître. M. Littré, dans le *National* du 14 février 1835, en fit une analyse témoignant d'une science et d'une pénétration si profondes qu'Armand Carrel, enfermé alors à Sainte-Pélagie pour délit politique, écrivit à la mère de M. Littré une lettre remplie d'affection et d'éloges pour son fils. « C'est à vous, madame, disait-il, que

je veux faire compliment de l'admirable morceau
qu'Émile nous a donné ce matin, dans le *National*...
Dites-lui que je ne sais personne à Paris capable d'é-
crire son article sur Herschell, et que je rougis de
m'être donné pendant trois ans comme le rédacteur
en chef d'un journal dans lequel il se contentait
d'une tâche si au-dessous de son savoir et de son
talent. »

Carrel voulut dès lors faire de M. Littré un rédacteur politique. Mais, trop modeste pour accepter cette
situation, M. Littré était en même temps trop timide
pour l'occuper.

Sainte-Beuve, dans ses *Causeries du lundi*, a finement
retracé le caractère de l'homme qui ne sait ni se produire ni prendre une initiative. « Un homme sincère-
ment modeste et humble, dit-il, peut être très habile
sur certains points, très courageux de résistance sur
certains autres, mais il y a fort à penser qu'il est
incapable d'une certaine initiative, d'un esprit
d'entreprise et de poursuite, d'un essor complet et
libre de ses facultés, et c'est parce qu'il se sent ins-
tinctivement inférieur à un tel rôle et à une telle
responsabilité qu'il est si craintif et si rougissant de
se produire, si en peine lorsqu'il s'est trop avancé. »
M. Littré se reconnaissait dans ce portrait et il
s'en faisait la très sincère application. « Si je ne
voyais, disait-il avec charme, que cette description de
Sainte-Beuve est toute générale, et embrasse une classe
d'esprits, je la croirais particulière et tracée pour
moi. »

Toutefois un mérite tel que le sien n'est pas si
commun que toute la modestie du monde puisse l'empêcher de se faire jour et d'attirer l'attention. Dès
l'année 1831, le libraire Jean-Baptiste Baillière, lié
avec tous les médecins de cette époque, avait proposé
à M. Littré de s'associer au docteur Andral pour entre-
prendre une traduction et une édition nouvelles
d'Hippocrate. M. Andral, occupé d'autres études, ne
put prendre part à ce grand travail, et, en 1834,
M. Littré en resta seul chargé.

Ce qu'il fallait de connaissances spéciales et d'aptitudes variées concourant dans un labeur assidu, pour
mener à fin cette grande œuvre, rien qu'une telle idée,
a dit un de ses biographes, avait de quoi effrayer et
détourner tout autre que M. Littré.

Le premier volume parut en 1839. A peine était-il
publié que M. Littré fut élu membre de l'Académie
des Inscriptions. Notre confrère aimait à rappeler ce
premier et grand succès. A dater de cette époque, et
tout en satisfaisant aux exigences de sa traduction
d'Hippocrate, sa réputation grandit par l'accumula-
tion incessante des productions les plus diverses. Pré-
paré par un travail solitaire, il put se donner carrière
dans toutes les directions de la pensée.

En 1844, il remplace M. Fauriel dans la Commis-
sion de l'histoire littéraire de la France, où il donne
successivement des notices importantes sur les médecins du moyen âge, des glossaires, des romans ou poè-
mes d'aventures et autres branches de poésie des trouvères. — Rédacteur du *National*, — rédacteur du

Dictionnaire de médecine, — collaborateur de la *Revue des Deux Mondes,* du *journal des Débats,* du *Journal des Savants,* de la *Revue germanique,* il mène tout de front et remplit ces recueils variés des trésors de son érudition sur des sujets de toutes sortes, médicaux, historiques, philologiques, langue et littérature du moyen âge. Il y ajouta même des essais poétiques.

Le plus curieux fut une traduction d'un chant de l'*Iliade* en vers français du xiiiᵉ siècle. C'était pour lui un exercice d'application de ses vastes recherches sur la langue française et ses origines. Comme on l'a dit, il se faisait trouvère pour mieux juger les trouvères. Il publiait, en outre, chemin faisant, une traduction fort estimée de Pline l'Ancien dans la collection Nisard.

Si je n'ai pas l'autorité nécessaire pour parler de la plupart des travaux que je viens d'énumérer, je me console à la pensée du jugement que va porter sur eux l'homme éminent par qui j'ai l'honneur d'être reçu dans votre illustre compagnie. Confrère de M. Littré à l'Académie des Belles-Lettres, il a été le témoin et il est le juge le plus compétent des travaux qui ont honoré la vie de l'infatigable travailleur.

« Que n'ai-je pas roulé en mon esprit? disait M. Littré avant de mourir. Si ma vieillesse avait été forte, que la maladie ne l'eût pas accablée, j'aurais mis la main, avec quelques collaborateurs, à une histoire universelle dont j'avais tout le plan. »

Dans l'ardeur qui le portait à rechercher « des

clartés de tout », il conserva cependant toute sa vie un champ d'études de prédilection. Ce fut la médecine. On lui doit de savantes dissertations sur le cœur, sur le choléra, sur la fièvre jaune, sur la peste, sur les grandes épidémies...

Que de pages élevées ne pourrait-on pas extraire de ces articles ! il ne se préoccupait ni de la recherche, ni de l'éclat du style. Mais, tout en ne visant qu'à la clarté, il rencontre souvent l'éloquence. Parlant de l'apparition des foudroyantes épidémies, il dit :

« Ce sont de grands et singuliers phénomènes. On voit parfois, lorsque les cités sont calmes et joyeuses, le sol s'ébranler tout à coup et les édifices s'écrouler sur la tête des habitants ; de même il arrive qu'une influence mortelle sort soudainement de profondeurs inconnues et couche d'un souffle infatigable les populations humaines comme les épis dans leurs sillons. Les causes sont ignorées, les effets terribles, le développement immense. Rien n'épouvante plus les hommes, rien ne jette de si vives alarmes dans le cœur des nations ; rien n'excite dans le vulgaire de plus noirs soupçons. Il semble, quand la mortalité a pris ce courant, que les ravages n'auront plus de terme et que l'incendie une fois allumé ne s'éteindra désormais que faute d'aliments... »

Cette citation nous montre également M. Littré attiré par les hautes questions de l'étiologie médicale.

« J'eus toujours, dit-il, une place réservée pour la

pathologie et ce qui s'y rattache. Je ne permis jamais à mes autres travaux ou à mes autres goûts, de créer une prescription à cet égard. Quoique j'aie étudié la médecine sans en avoir jamais rien fait ni comme titre ni comme pratique, je ne troquerais pas contre quoi que ce soit cette part de savoir que j'ai jadis conquise par un labeur persistant. »

La citation mérite d'être poursuivie :

« Je viens de dire, ajoute-t-il, que je n'ai point pratiqué la médecine. En ceci une rectification est à faire. J'ai, depuis trente ans, réalisé l'*Hoc erat in votis* d'Horace... Un petit jardin dans un petit village. Là, quand j'y vins, comment sut-on que je m'étais occupé de médecine? Je l'ignore. Toujours est-il que les paysans, mes voisins, quand ils tombèrent malades, réclamèrent mon secours. Faisant la médecine gratis, j'aurais eu une clientèle fort étendue; mais je circonscrivis sévèrement ma sphère d'action, et, prudent, dévoué, visitant plusieurs fois par jour mes malades qui étaient à ma porte, je rendis d'incontestables services; plus tard, M. le docteur Daremberg, qui vint se fixer dans le même lieu, et qui, comme moi, aima Hippocrate et son antique génie, s'associa à mon office, et plus d'une fois, sur la fin, nous avons exprimé le regret de n'avoir pas songé à rédiger la clinique de notre petit village. Maintenant la vieillesse m'a déchargé de ce service bénévole, mais j'y ai acquis l'amitié et la gratitude de mes voisins, et, pour parler comme le vieillard de La Fontaine : cela même est un fruit que je goûte aujourd'hui. »

Horace aurait-il écrit son *Hoc erat in votis* si sa maison de campagne eût ressemblé à celle que M. Littré possédait au Mesnil? On ne trouve là ni ruisseau d'eau vive, ni bouquet de bois, ni rien de l'aisance qu'Horace avait rêvée. Le plus simple presbytère du plus pauvre des villages peut seul donner une idée de cette maison où tout reflète une vie de solitude, de labeur et de désintéressement. M. Littré avait le culte de l'austérité. Un pieux respect a laissé toute chose à sa place, comme s'il devait revenir d'un moment à l'autre et retrouver sur son bureau des livres ouverts, des notes éparses. Voici la petite table où sa femme et sa fille travaillaient auprès de lui, et au-dessus de cette table apparaît — visible témoignage de la profonde tolérance de M. Littré — une image du Christ.

Ce fut dans cette retraite que M. Littré composa la plus grande partie de son *Dictionnaire*. Avec quelle patience et quel courage, pour ainsi dire, surhumains, il rassembla les matériaux d'une œuvre que l'on a signalée à juste titre comme un monument national !

« Je fus le premier, dit M. Littré, à vouloir soumettre de tout point le dictionnaire à l'histoire. » Rompant avec l'habitude de donner comme exemples des phrases arbitraires, il s'imposa l'obligation de citer, pour chaque mot, des phrases tirées des meilleurs écrivains, non seulement de la langue classique, mais encore des textes de l'ancienne langue, depuis le xi⁰ siècle jusqu'à la fin du xvi⁰, s'attachant à tous les sens par lesquels le mot a passé, n'omettant ni les archaïsmes ni les néologismes, ni les contraventions à la grammaire, attentif aux acceptions détournées ou singulières, et recherchant toujours de préférence les exemples qui se recommandent par l'élégance de la forme, la valeur de la pensée, ou qui intéressent par l'histoire des idées et des mœurs. — Comme on l'imagine aisément, M. Littré, après avoir employé des années à réunir toutes ces citations, en passa plusieurs autres encore à les remanier, classant, ajoutant, rectifiant sans cesse. Avec cette candeur qu'il avait en toutes choses, il disait : « Que de fausses routes j'ai suivies ! Que de tentatives avortées ! Je revenais sur les pas déjà faits, je m'égarais dans un labyrinthe de pensées, toujours sur le point de perdre courage. » Un jour qu'il s'adressait à M. Beaujean, à celui qui fut son savant et dévoué collaborateur : « O mon ami, s'écria-t-il, ne faites jamais de dictionnaire ! »

On a peine, en effet, à se figurer une telle somme de travail. Lui-même a eu la coquetterie de compter que si le Dictionnaire, *sans le supplément*, était composé sur une seule colonne, cette colonne aurait 37 kilomètres 525 mètres 28 centimètres, à peu près la distance de Paris à Meaux.

La Fontaine, qu'il aimait à citer, lui avait donné pour devise : *Patience et longueur de temps...* Dans une vie tout absorbée par la pratique de cette maxime, sa solitude était cependant toujours ouverte. S'il risquait d'être troublé par quelque visite, il ne voulait pas, pour échapper à un importun, s'exposer à perdre l'occasion d'un service à rendre.

C'est au moment où il était dans la pleine activité de son travail que la veuve d'Auguste Comte vint le prier d'écrire la vie de son mari. M. Littré résiste, objecte son Dictionnaire qui absorbe tout son temps, promet de se consacrer sans réserve, dès qu'il l'aura achevé, à la tâche que madame Comte lui demande de s'imposer. Celle-ci insiste avec opiniâtreté, faisant appel à la reconnaissance qu'il doit au fondateur de la philosophie positive. M. Littré accepte enfin. Avec une résignation surprenante, il modifie l'ordre de son travail du Dictionnaire, prend sur ses heures de repos et trouve le temps de composer une biographie d'Auguste Comte intitulée : *Auguste Comte et la Philosophie positive*, qui n'a pas moins de six cents pages.

Il était au Mesnil le médecin consultant de tout le village. Prolongeant ses veilles jusqu'à trois heures du matin, la clarté de sa lampe brillait au loin pendant la nuit comme un fanal qui rassurait les malades. On savait qu'au premier appel, M. Littré quitterait son travail pour aller porter ses soins partout où ils seraient réclamés.

Se peut-il que l'homme dont je viens de vous retracer l'étonnante et charitable vie ait été méconnu jusqu'à être calomnié! Il le fut pourtant. Ses opinions philosophiques en ayant été l'occasion, c'est le moment pour moi de les examiner. Je n'y apporterai d'autre souci que celui de garder ma propre liberté de penser.

Vers l'âge de quarante ans, une crise se produisit

dans les croyances de M. Littré. Il venait de lire un ouvrage d'Auguste Comte intitulé : *Système de philosophie positive*. L'impression qu'il en reçut fut extraordinaire :

« Ce livre, dit-il, me subjugua. Une lutte s'établit dans mon esprit entre mes anciennes opinions et les nouvelles. Celles-ci triomphèrent... Je devins, dès lors, disciple de la philosophie positive et je le suis resté... Aujourd'hui, il y a plus de vingt ans que je suis sectateur de cette philosophie; la confiance qu'elle m'inspire n'a jamais reçu de démenti... Occupé de sujets très divers, histoire, langue, physiologie, médecine, érudition, je m'en suis constamment servi comme d'une sorte d'outil qui me trace les linéaments, l'origine et l'aboutissement de chaque question... Elle suffit à tout, ne me trompe jamais et m'éclaire toujours... »

Le principe fondamental d'Auguste Comte est d'écarter toute recherche métaphysique sur les causes premières et finales, de ramener toutes les idées et toutes les théories à des faits et de n'attribuer le caractère de certitude qu'aux démonstrations de l'expérience. Ce système comprend une classification des sciences et une prétendue loi de l'histoire qui se résume dans cette affirmation : que les conceptions de l'esprit humain passent successivement par trois états : l'état théologique, l'état métaphysique, l'état scientifique ou positif.

M. Littré ne tarissait pas en éloges au sujet de cette doctrine et de son auteur. Pour lui, Auguste Comte était un des hommes qui devaient tenir une grande place dans la postérité, et la « philosophie positive une de ces œuvres à peine séculaires qui changent le niveau ». Interrogé sur ce qu'il estimait le plus dans l'emploi de sa laborieuse vie, nul doute que sa pensée ne se fût portée avec complaisance sur son rôle d'apôtre sincère et persévérant du positivisme.

Il n'est pas rare de voir les plus savants hommes perdre parfois le discernement de leur vrai mérite. C'est ce qui me fait un devoir d'un jugement personnel sur la valeur de l'ouvrage d'Auguste Comte. Je confesse que je suis arrivé à une opinion bien différente de celle de M. Littré. Les causes de cette divergence me paraissent résulter de la nature même des travaux qui ont occupé sa vie et de ceux qui sont l'objet unique de la mienne.

Les travaux de M. Littré ont porté sur des recherches d'histoire, de linguistique, d'érudition scientifique et littéraire. La matière de telles études est tout entière dans des faits appartenant au passé, auxquels on ne peut rien ajouter ni retrancher. Il y suffit de la méthode d'observation qui, le plus souvent, ne saurait donner des démonstrations rigoureuses. Le propre, au contraire, de l'expérimentation, c'est ne pas en admettre d'autres.

L'expérimentateur, homme de conquêtes sur la nature, se trouve sans cesse aux prises avec des faits qui ne se sont point encore manifestés et n'existent, pour la plupart, qu'en puissance de devenir dans les lois naturelles. L'inconnu dans le possible et non dans ce

qui a été : voilà son domaine, et, pour l'explorer, il a
le secours de cette merveilleuse méthode expérimentale, dont on peut dire avec vérité, non qu'elle suffit
à tout, mais qu'elle trompe rarement, et ceux-là seulement qui s'en servent mal. Elle élimine certains faits,
en provoque d'autres, interroge la nature, la force à
répondre et ne s'arrête que quand l'esprit est pleine-
ment satisfait. Le charme de nos études, l'enchante-
ment de la science, si l'on peut ainsi parler, consiste
en ce que, partout et toujours, nous pouvons donner
la justification de nos principes et la preuve de nos
découvertes.

L'erreur d'Auguste Comte et de M. Littré est de confondre cette méthode avec la méthode restreinte de
l'observation. Étrangers tous deux à l'expérimentation
ils donnent au mot expérience l'acception qui lui est
attribuée dans la conversation du monde, où il n'a
point du tout le même sens que dans le langage
scientifique. Dans le premier cas, l'expérience n'est
que la simple observation des choses et l'induction
qui conclut, plus ou moins légitimement, de ce qui a
été à ce qui pourrait être. La vraie méthode expérimentale va jusqu'à la preuve sans réplique.

Les conditions et le résultat quotidien du travail de
l'homme de science façonnent, en outre, son esprit
à n'attribuer une idée de progrès qu'à une idée d'invention. Pour juger de la valeur du positivisme, ma
première pensée a donc été d'y chercher l'invention.
Je ne l'y ai pas trouvée. On ne peut vraiment attribuer

l'idée d'invention à la loi dite des trois états de l'esprit
humain, pas plus qu'à la classification hiérarchique
des sciences qui ne sont l'une et l'autre que des à
peu près, sans grande portée. Le positivisme, ne m'of-
frant aucune idée neuve, me laisse réservé et défiant.

La foi de M. Littré dans le positivisme lui vint également des apaisements qu'il trouvait sur les grandes
questions métaphysiques. La négation comme le doute
l'obsédaient. Auguste Comte l'a tiré de l'un et de l'autre
par un dogmatisme qui supprimait toute métaphysique.

En face de cette doctrine, M. Littré se disait : Tu
n'as à te préoccuper ni de l'origine ni de la fin des
choses, ni de Dieu, ni de l'âme, ni de théologie, ni de
métaphysique ; suis ton penchant de chercheur « inquiet
ou charmé » ; fuis l'absolu ; n'aime que le relatif. Quelle
quiétude pour cette tête ardente, ambitieuse de par-
courir tous les champs du savoir !

On s'est pourtant trompé sur cette quiétude et l'on
s'est payé de fausses apparences en prétendant faire de
M. Littré un athée résolu et tranquille. Les croyances
religieuses des autres ne lui étaient pas indifférentes.
» Je me suis trop rendu compte, dit-il, des souffrances
et des difficultés de la vie humaine pour vouloir
ôter à qui que ce soit des convictions qui le soutien-
nent dans les diverses épreuves. » Il ne nie pas plus
l'existence de Dieu que celle de l'immortalité de l'âme;
il en écarte *a priori* jusqu'à la pensée, parce qu'il
proclame l'impossibilité d'en constater scientifique-
ment l'existence.

Quant à moi, qui juge que les mots progrès et invention sont synonymes, je me demande au nom de quelle découverte nouvelle, philosophique ou scientifique, on peut arracher de l'âme humaine ces hautes préoccupations. Elles me paraissent d'essence éternelle, parce que le mystère qui enveloppe l'univers et dont elles sont une émanation est lui-même éternel de sa nature.

On raconte que l'illustre physicien anglais Faraday, dans les leçons qu'il faisait à l'Institution royale de Londres, ne prononçait jamais le nom de Dieu, quoiqu'il fût profondément religieux. Un jour, par exception, ce nom lui échappa et tout à coup se manifesta un mouvement d'approbation sympathique. Faraday s'en apercevant interrompit sa leçon par ces paroles : « Je viens de vous surprendre en prononçant ici le nom de Dieu. Si cela ne m'est pas encore arrivé, c'est que je suis, dans ses leçons, un représentant de la science expérimentale. Mais la notion et le respect de Dieu arrivent à mon esprit par des voies aussi sûres que celles qui nous conduisent à des vérités de l'ordre physique. »

La science expérimentale est essentiellement positiviste en ce sens que, dans ses conceptions, jamais elle ne fait intervenir la considération de l'essence des choses, de l'origine du monde et de ses destinées. Elle n'en a nul besoin. Elle sait qu'elle n'aurait rien à apprendre d'aucune spéculation métaphysique. Pourtant elle ne se prive pas de l'hypothèse. Nul, au contraire, plus que l'expérimentateur, n'en fait usage ;

mais c'est seulement à titre de guide et d'aiguillon
pour la recherche et sous la réserve d'un sévère contrôle. Il dédaigne et rejette ses idées préconçues, dès
que l'expérimentation lui démontre qu'elles ne corres-
pondent pas à des réalités objectives. /

M. Littré et Auguste Comte croyaient et firent croire
aux esprits superficiels que leur système reposait sur
les mêmes principes que la méthode scientifique dont
Archimède, Galilée, Pascal, Newton, Lavoisier sont les
vrais fondateurs. De là est venue l'illusion des esprits,
favorisée encore par tout ce que présentaient de ga-
rantie la science et la bonne foi de M. Littré.

A quelles erreurs ne peut pas conduire cette iden-
tité prétendue des deux méthodes !

Arago avait dit de Comte : « Il n'a de titres mathé-
mathiques, ni grands ni petits. » « C'est vrai, ré-
pond Littré, M. Comte n'a pas de découvertes géo-
métriques, mais il a des découvertes sociologiques. »
Hélas! voici un exemple de découverte sociologique!
Le 10 novembre 1850, M. Littré écrivit dans le *National* un article intitulé : *Paix occidentale*, article destiné
à prouver que la sociologie était une science. « Il y a
deux manières, dit-il, de prouver la vérité d'une
doctrine : tantôt l'initiation directe, le travail, l'étude,
tantôt les prévisions déduites de la doctrine qui per-
suadent et qui frappent tous les esprits : savoir, c'est
prévoir. »

Or il arriva que, comme nous jouissions, en 1850,
des bienfaits de la paix depuis 1815, M. Littré
s'écrie : « Mais la paix est prévue depuis vingt-cinq

ans par la sociologie. » Malheureusement l'article continue en ces termes : « Aujourd'hui encore, la sociologie prévoit la paix pour tout l'avenir de notre transition, au bout de laquelle une confédération républicaine aura uni l'Occident et mis un terme aux conflits armés... » M. Littré fut bientôt désabusé. Quand il réimprima, en 1878, cet article de 1850, il le fit suivre de remarques, où, avec sa sincérité habituelle, il exhale la douleur qu'il éprouve de sa naïve confiance d'autrefois. « Ces malheureuses pages, dit-il, me font mal; je voudrais pouvoir les effacer. Elles sont en contresens perpétuel avec les événements qui se sont déroulés... A peine avais-je prononcé, dans mon puéril enthousiasme, qu'en Europe il n'y aurait plus de défaites militaires, que celles-ci désormais seraient remplacées par les défaites politiques, que vinrent la défaite militaire de la Russie en Crimée, celle de l'Autriche en Italie; celle de l'Autriche en Allemagne, celle de la France à Sedan et à Metz, et tout récemment celle de la Turquie dans les Balkans. »

L'ouvrage que M. Littré a publié en 1879 sous ce titre : *Conservation, révolution et positivisme*, est rempli des méprises que la doctrine positiviste lui a fait commettre en politique et en sociologie. Pourquoi en serait-on surpris? La politique et la sociologie sont des sciences où la preuve est trop difficile à donner. Trop considérable est le nombre des facteurs concourant à la solution des questions qu'elles agitent. Là où les passions humaines interviennent, le champ de l'imprévu est immense.

Le positivisme ne pèche pas seulement par une erreur de méthode. Dans la trame, en apparence très serrée, de ses propres raisonnements, se révèle une considérable lacune, et je suis surpris que la sagacité de M. Littré ne l'ait pas mise en lumière.

A maintes reprises, il définit ainsi le positivisme envisagé au point de vue pratique : « Je nomme positivisme tout ce qui se fait dans la société pour l'organiser suivant la conception positive, c'est-à-dire scientifique du monde. »

Je suis prêt à accepter cette définition, à la condition qu'il en soit fait une application rigoureuse ; mais la grande et visible lacune du système consiste en ce que, dans la conception positive du monde ; il ne tient pas compte de la plus importante des notions positives, celle de l'infini.

Au delà de cette voûte étoilée, qu'y a-t-il ? De nouveaux cieux étoilés. Soit ! Et au-delà ? L'esprit humain, poussé par une force invincible ne cessera jamais de se demander : Qu'y a-t-il au delà ? Veut-il s'arrêter soit dans le temps, soit dans l'espace ? Comme le point où il s'arrête n'est qu'une grandeur finie, plus grande seulement que toutes celles qui l'ont précédée, à peine commence-t-il à l'envisager, que revient l'implacabl question et toujours, sans qu'il puisse faire taire s curiosité. Il ne sert de rien de répondre : au delà s des espaces, des temps ou des grandeurs sans limi s. Nul ne comprend ces paroles. Celui qui proclame l'existence de l'infini, et personne ne peut y échapper, accumule dans cette affirmation plus de surnaturel qu'il n'y en a dans tous les miracles de toutes les religions ; car la notion de l'infini a ce double caractère de s'imposer et d'être incompréhensible. Quand cette notion s'empare de l'entendement, il n'y a qu'à se prosterner. Encore, à ce moment de poignantes angoisses, il faut demander grâce à sa raison : tous les ressorts de la vie intellectuelle menacent de se détendre ; on se sent près d'être saisi par la sublime folie de Pascal. Cette notion positive et primordiale, le positivisme l'écarte gratuitement, elle et toutes ses conséquences dans la vie des sociétés.

La notion de l'infini dans le monde, j'en vois partout l'inévitable expression. Par elle, le surnaturel est au fond de tous les cœurs. L'idée de Dieu est une forme de l'idée de l'infini. Tant que le mystère de l'infini pèsera sur la pensée humaine, des temples seront élevés au culte de l'infini, que le Dieu s'appelle Brahma, Allah, Jéhova ou Jésus. Et sur la dalle de ces temples vous verrez des hommes agenouillés, prosternés, abîmés dans la pensée de l'infini. La métaphysique ne fait que traduire au dedans de nous la notion dominatrice de l'infini. La conception de l'idéal n'est-elle pas encore la faculté, reflet de l'infini, qui, en présence de la beauté, nous porte à imaginer une beauté supérieure ? La science et la passion de comprendre sont-elles autre chose que l'effet de l'aiguillon du savoir qui met en notre âme le mystère de l'Univers ? Où sont les vraies sources de la dignité humaine, de la liberté et de la démocratie moderne, sinon dans la notion de l'infini devant laquelle tous les hommes sont égaux ?

« Il faut un lien spirituel à l'humanité, dit M. Littré, faute de quoi il n'y aurait dans la société que des familles isolées, des hordes et point de société véritable. » Ce lien spirituel qu'il plaçait dans une religion inférieure de l'humanité ne saurait être ailleurs que dans la notion supérieure de l'infini parce que ce lien spirituel doit être associé au mystère du monde. La religion de l'humanité est une de ces idées d'une évidence superficielle et suspecte qui ont fait dire à un psychologue d'un esprit éminent : « Il y a longtemps que je pense que celui qui n'aurait que des idées claires serait assurément un sot. Les notions les plus précieuses, ajoute-t-il, que recèle l'intelligence humaine, sont tout au fond de la scène et dans un demi-jour, et c'est autour de ces idées confuses, dont la liaison nous échappe, que tournent les idées claires pour s'étendre, et se développer, et s'élever. Si nous étions coupés de cette arrière-scène, les sciences exactes, elles-mêmes y perdraient » cette grandeur qu'elles tirent de leurs rapports » secrets avec d'autres vérités infinies que nous soupçonnons. »

Les Grecs avaient compris la mystérieuse puissance de ce dessous de choses. Ce sont eux qui nous ont légué un des plus beaux mots de notre langue, le le mot enthousiasme. — Ἐν Ὀεός. — Un Dieu intérieur.

La grandeur des actions humaines se mesure à l'inspiration qui les fait naître. Heureux celui qui porte en soi un dieu, un idéal de la beauté et qui lui obéit : idéal de l'art, idéal de la science, idéal de la patrie, idéal des vertus de l'Évangile ! Ce sont là les sources vives des grandes pensées et des grandes actions. Toutes s'éclairent des reflets de l'infini.

M. Littré avait son dieu intérieur. L'idéal qui remplissait son âme, c'était la passion du travail et l'amour de l'humanité.

Souvent il m'est arrivé de me le représenter, assis auprès de sa femme, comme un tableau des premiers temps du christianisme ; lui, regardant la terre, plein de compassion pour ceux qui souffrent ; elle, fervente catholique, les yeux levés vers le ciel ; lui, inspiré par toutes les vertus terrestres ; elle, par toutes les grandeurs divines ; réunissant dans un même élan comme dans dans un même cœur les deux saintetés qui forment l'auréole de l'Homme-Dieu, celle qui procède du dévouement à ce qui est humain, celle qui émane de l'ardent amour du divin ; — elle, une sainte dans l'acception canonique ; lui, un saint laïque.

Ce dernier mot ne m'appartient pas. Je l'ai recueilli sur les lèvres de tous ceux qui l'ont connu.

RÉPONSE

DE

M. ERNEST RENAN

DIRECTEUR DE L'ACADÉMIE FRANÇAISE

MONSIEUR,

Nous sommes bien incompétents pour louer ce qui fait votre gloire véritable, ces admirables expériences par lesquelles vous atteignez jusqu'aux confins de la vie, cette ingénieuse façon d'interroger la nature qui tant de fois vous a valu de sa part les plus claires réponses, ces précieuses découvertes qui se transforment chaque jour en conquêtes de premier ordre pour l'humanité. Vous répudieriez nos éloges, habitué que vous êtes à n'estimer que les jugements de vos pairs, et, dans les débats scientifiques que soulèvent tant d'idées neuves, vous ne voudriez pas voir des appréciations littéraires venir se mêler au suffrage des savants que rapproche de vous la confraternité de la gloire et du travail. Entre vous et vos savants émules nous n'avons point à intervenir. Mais, en dehors du fond de la doc-

trine, qui n'est point de notre ressort, il est une maî-
trise, Monsieur, où notre pratique de l'esprit humain
nous donne le droit d'émettre un avis. Il y a quelque
chose que nous savons reconnaître dans les applications les plus diverses; quelque chose qui appartint ou
même degré à Galilée, à Pascal, à Michel-Ange, à Mo-
lière; quelque chose qui fait la sublimité du poète, la
profondeur du philosophe, la fascination de l'orateur,
la divination du savant. Cette base commune de toutes
les œuvres belles et vraies, cette flamme divine, ce
souffle indéfinissable qui inspire la science, la littérature et l'art, nous l'avons trouvé en vous, Monsieur;
c'est le génie. Nul n'a parcouru d'une marche aussi sûre
les cercles de la nature élémentaire; votre vie scientifique est comme une traînée lumineuse dans la grande
nuit de l'infiniment petit, dans ces derniers abîmes de
l'être où naît la vie.

Vous avez commencé, Monsieur, par le vrai commencement de la nature. Avec Haüy et Malus, vous
demandiez d'abord au cristal le secret de ses caprices
apparents. Vous étiez encore à l'École normale. Une
note de Mitscherlich vous troubla dans votre foi chi-
mique. Deux substances identiques par la nature, le
nombre, l'arrangement et la distance des atomes agis-
saient d'une manière essentiellement différente sur la
lumière. Vous reprites avec passion l'étude de la forme
cristalline des deux sels de M. Mitscherlich, et vous
arrivâtes à votre belle théorie de la dissymétrie molé-
culaire. Oui, deux groupes atomiques qui se montrent
identiques au travers de toutes les épreuves de la

chimie peuvent être, l'un à l'égard de l'autre, dans la même relation qu'un objet à l'égard de son image vue dans un miroir. Ils ont une droite et une gauche; on peut les opposer, non les superposer, comme les deux mains. L'illustre M. Biot, chargé de rendre compte de ces faits nouveaux à l'Académie des sciences, eut d'abord quelques doutes. Quand vous allâtes le voir au Collège de France, il s'était déjà procuré lui-même les matières de l'expérience. Il vous les fit préparer sous ses yeux, sur le fourneau de sa cuisine. Vous placiez à sa droite les cristaux qui devaient dévier la lumière à droite, à sa gauche, les cristaux qui devaient dévier la lumière à gauche.. Il fit lui-même l'épreuve de la polarisation; mais il n'alla pas jusqu'au bout; quelques indices lui suffirent. « Mon cher enfant, vous dit-il, en serrant votre bras, j'ai tant aimé les sciences dans ma vie que cela me fait battre le cœur. »

Toutes vos découvertes ultérieures sont sorties de celle-là par une sorte de développement naturel. Bientôt, en effet, vous arriverez à voir que tous les produits artificiels des laboratoires et toutes les espèces minérales sont à image superposable, tandis que les produits essentiels de la vie sont dissymétriques. La vie vous conduit à la fermentation; l'élément dissymétrique fait fermenter; l'élément symétrique ne fait pas fermenter. La fermentation est toujours d'origine vitale; elle vient d'êtres microscopiques qui trouvent dans la matière organique leur nourriture, non leur raison de naître; le groupe droit et le groupe gauche ne satisfont pas également à la nutrition des microbes. Vos études sur les corpuscules organisés qui existent dans l'atmosphère servent de point de départ à tout un ordre de recherches, où vos disciples sont des maîtres qui s'appellent Lister, Tyndall,

La fermentation vous mène aux maladies, qui sont en quelque sorte la fermentation de l'être vivant ; de la cristallographie vous êtes conduit à la médecine; vous arrivez à voir que les maladies transmissibles tiennent le plus souvent à des développements irréguliers d'êtres étrangers à l'organisme, qui le troublent ou le détruisent. De là vos savantes recherches sur les maladies du vin, de la bière, des vers à soie, puis sur ces terribles accidents de la machine humaine, le charbon, la septicémie, la rage, qui peuvent amener la mort à l'organisme par lui-même le plus sain et le plus robuste. La claire vue de la nature du mal vous indique le remède ; on guérit bientôt la maladie dont on connaît la cause. Votre théorie des germes de putréfaction ouvre une voie qui sera un jour et qui est déjà féconde pour le bien de notre pauvre espèce. La vaccination, qui n'avait été jusqu'ici qu'une application très particulière d'une théorie à peine ébauchée, devient entre vos mains un principe général, susceptible des usages les plus variés. C'est la rage, Monsieur, qui est en ce moment l'objet de vos études ; vous en cherchez l'organisme microscopique, vous le trouverez ; l'humanité vous devra la suppression d'un mal horrible, et aussi d'une triste anomalie, je veux parler de la défiance qui se mêle toujours un peu pour nous aux caresses de l'animal dans lequel la nature nous montre le mieux son sourire bienveillant.

Que vous êtes heureux, Monsieur, de toucher ainsi, par votre art, aux sources mêmes de la vie! Admirables sciences que les vôtres! Rien ne s'y perd. Vous **aurez** inséré une pierre de prix dans les assises de l'édifice éternel de la vérité. Parmi ceux qui s'adonnent aux autres parties du travail de l'esprit, qui peut avoir la même assurance? M. de Maistre peint quelque part la science moderne « sous l'habit étriqué du Nord... ,les bras chargés de livres et d'instruments, pâle de veilles et de travaux, se traînant souillée d'encre et toute pantelante sur la route de la vérité, baissant toujours vers la terre son front sillonné d'algèbre ». Comme vous avez bien fait, Monsieur, de ne pas vous arrêter à ce souci de gentilhomme! La nature est roturière; elle veut qu'on travaille; elle aime les mains calleuses et ne se révèle qu'aux fronts soucieux.

Votre vie austère, toute consacrée à la recherche désintéressée, est la meilleure réponse à ceux qui regardent notre siècle comme déshérité des grands dons de l'âme. Votre laborieuse assiduité n'a voulu connaître ni distractions ni repos. Recevez-en la récompense dans le respect qui vous entoure, dans cette sympathie dont les marques se produisent aujourd'hui si nombreuses autour de vous, et surtout dans la joie d'avoir bien accompli votre tâche, d'avoir pris place au premier rang dans la compagnie d'élite qui s'assure contre le néant par un moyen bien simple, en faisant des œuvres qui restent.

Vous avez placé à sa juste hauteur l'homme illustre que

3

vous venez remplacer parmi nous. Vous avez dit ses com-
mencements, ses viriles origines, cette nature pleine d'é-
nergie, tenant, par son père, aux races sérieuses et
obstinées de l'Ouest, par sa mère, à l'ardente et forte
complexion des populations protestantes des Cévennes.
Canonnier de la première République, M. Littré père
garda, sous l'Empire et la royauté constitutionnelle,
le culte de la Révolution. Les républicains étaient rares
alors ; c'était, comme aux siècles de la primitive Église,
le temps des convictions personnelles, passionnées.
Les conversions en masse et sans grand discernement
devaient venir plus tard. Les républicains que forma
M. Littré père avaient au moins quelque mérite à l'être ;
car ils étaient deux (deux qui valaient, certes, à eux
seuls tous ceux qu'on a plus tard vus éclore), son fils
d'abord, puis l'intime ami de son fils, celui à qui je dois
ces détails, notre respecté confrère M. Barthélemy Saint
Hilaire. En philosophie et en religion, M. Littré père
professait sans réserve les principes de l'école française
du xviiie siècle. Devenu père de famille, il eut un scru-
pule touchant. Craignant que les railleries de Voltaire
n'eussent une part dans ses opinions religieuses, et se
regardant comme responsable de sa théologie à l'égard
de ses enfants, il reprit avec le plus grand sérieux la
question des croyances. Ce nouvel examen confirma
ses premiers jugements, et, dès lors, il enseigna en toute
sécurité à ses fils ce qu'une double épreuve lui faisait
regarder comme certain. Quelle honnêteté !

Cette impression de l'éducation première ne s'effaça
jamais chez M. Littré. Sa nature héroïque le porta tou-

jours à ce qu'il y eut de plus âpre et de plus fort. Fils
de la révolution française, il crut qu'en elle était conte-
nue toute justice. D'autres, plus raffinés, distinguèrent,
acceptèrent des moyens termes, des conciliations. Lui,
entier dans sa foi, ne voulut aucune atténuation à ce
qu'il tenait pour la vérité. La foi démocratique, comme
tous les genres de foi, est exposée à des tentations; il
y a quelquefois du mérite à y persévérer. M. Littré
nous a raconté qu'un jour, sa mère, une petite vieille
débile, avec de beaux yeux, cheminant à côté de lui
dans une rue de Paris, fut brutalement poussée par un
ouvrier qui ne voulait pas se déranger. Comme M. Littré la relevait: « Mon fils, lui dit-elle, il faut bien
aimer le peuple pour demeurer de son parti. » La
croyance de M. Littré était de celles que rien n'ébranle.
D'ordinaire les effervescences révolutionnaires viennent
du tempérament; la raison intervient pour les régler.
Chez M. Littré, le tempérament était tout à fait calme;
c'était l'esprit qui était révolutionnaire; aussi ne
recula-t-il jamais. On le trouve toujours au front de
bataille des combattants. En juillet 1830, il était de
la première ligne de ceux qui pénétrèrent sur la
place du Carrousel par l'ouverture du pavillon de
Rohan. Georges Farcy fut percé d'une balle à côté de
lui.

C'est la conviction qui crée la vertu. La sélection des
nobles âmes se fait sans acception de croyances. Comme
vous l'avez parfaitement dit, Monsieur, aucune foi n'a
de privilège à cet égard; on peut être un chrétien des
premiers jours avec les idées en apparence les plus

négatives ; on peut voir soudés dans le même homme
un ascète et un jacobin. La bibliothèque Sainte-Gene-
viève possède un catalogue de ses incunables, écrit tout
entier de la main de M. Daunou durant les années les
plus terribles de la Révolution. Chaque matin, avant
d'aller présider la Convention ou le conseil des Cinq-
Cents, il en rédigeait un certain nombre de pages,
toujours le même, à des dates qui s'appelaient 13 ven-
démiaire, 18 fructidor. Littré associait de même à la
vie militante les habitudes d'un bénédictin. Révolutionnaire d'une espèce bien rare ! Le soir des jours d'émeute,
comme le soir des jours où il avait combattu de sa
plume au *National* à côté de Carrel, il se reposait dans
sa mansarde en préparant une édition d'Hippocrate,
ou en traduisant les œuvres les plus importantes de la
critique moderne, ou en rassemblant les matériaux de
cet admirable Dictionnaire historique de la langue
française qui sera, sans doute, un jour surpassé, si nous
finissons le nôtre ..... Grandes et fortes natures de
l'âge héroïque de notre race ! Rien ne leur restait étran-
ger. Ils avaient changé les bases de la vie ; mais leur
confiance dans l'esprit humain était absolue. C'étaient
des croisés, à leur manière ; ils héritaient, sans le savoir,
de dix siècles de vertu ; ils dépensaient, en un jour, le
capital accumulé par vingt générations de silencieuse
obscurité.

Leur scepticisme n'était qu'une apparence ; ils étaient,
en réalité, de fougueux croyants. Ils pratiquaient le
désintéressement absolu ; ils aimaient la glorieuse pau-
vreté. A toutes les propositions de fonctions rémunérées

qui lui furent faites dans l'esprit le plus libéral, Littré
répondit par un refus. Un jour qu'on le pressait : « Je
ne peux rien accepter, dit-il ; en ce moment, ce sont
mes idées qui triomphent. » Sa vie fut longtemps celle
d'un artisan modeste. Si plus tard le travail amena
pour lui la fortune, ce fut à son insu, sans qu'il l'eût
voulu et presque malgré lui. Il alla jusqu'à ces para-
doxes qui caractérisent parfois les héroïsmes vertueux.
Il eût tenu pour déplacé tout souci de plaire ; les séduc-
tions les plus légitimes du talent, il se les interdisait ;
à dessein, il laissait son style un peu négligé. Rien chez
lui de l'homme de lettres. Sa modestie certainement fut
exagérée, puisqu'elle lui fit croire qu'il était disciple
quand, en réalité, il était maître, et qu'on le vit se su-
bordonner à des personnes auxquelles il était fort
supérieur. Tel était son amour de la vérité que, seul
peut-être en notre siècle, il put se rétracter sans s'a-
moindrir. La vérité le menait comme un enfant ; il se
soumit à elle quand il pensa l'avoir trouvée ; il s'arrêta
quand il craignit de n'être plus avec elle ; il recula quand
il crut l'avoir dépassée.

Et voyez, Monsieur, combien notre sort est étrange
et quelle ironie supérieure semble s'attacher à nos
pauvres efforts ! Même dans l'ordre de la vérité, nos
qualités nous servent souvent moins que nos défauts.
Il ne faut pas être trop parfait. Moins sincère, Littré
eût peut-être évité quelques erreurs. Les défauts de sa
philosophie furent ceux d'une âme trop timorée. Ses
apparentes négations n'étaient que la réserve extrême
d'un esprit qui redoute les affirmations hasardées. Il

avait tant de peur d'aller au delà de ce qu'il voyait
clairement, qu'il restait souvent en deçà. Vertueuse
abstention; doute fécond, que Descartes eût compris;
respect exagéré peut-être de la vérité! Il craignait de
sembler escompter ce qu'il désirait et de prendre trop
vite pour une réalité ce qui vraiment n'eût été que
juste. Hésitation qui implique un culte mille fois plus
délicat de l'éternel idéal que les téméraires solutions qui
satisfont tout d'abord les esprits superficiels! La
vérité est une grande coquette, Monsieur! Elle ne
veut pas être cherchée avec trop de passion. L'indif-
férence réussit souvent mieux avec elle. Quand on
croit la tenir, elle vous échappe; elle se livre quand
on sait l'attendre. C'est aux heures où on croyait lui
avoir dit adieu qu'elle se révèle; elle vous tient, au
contraire, rigueur quand on l'affirme, c'est-à-dire quand
on l'aime trop.

Vous avez fait des réserves, Monsieur, sur les doctrines philosophiques auxquelles M. Littré s'était
attaché et auxquelles il déclarait devoir le bonheur de
sa vie. C'était votre droit. Je n'userai pas du droit
semblable que j'aurais. Le résumé ou, comme on disait
autrefois, le « bouquet spirituel » de cette séance doit
être que l'ardeur pour le bien ne tient à aucune opinion
spéculative. Je vous ferai, d'ailleurs, ma confession; en
politique et en philosophie, quand je me trouve en
présence d'idées arrêtées, je suis toujours de l'avis de
mon interlocuteur. En ces délicates matières, chacun
a raison par quelque côté. Il y a déférence et justice à
ne chercher dans l'opinion qu'on vous propose que la

part de vérité qu'elle contient. Il s'agit ici, en effet, de ces questions sur lesquelles la providence (j'entends par ces mots l'ensemble des conditions fondamentales de la marche de l'univers) a voulu qu'il planât un absolu mystère. En cet ordre d'idées, il faut se garder d'un parti pris ; il est bon de varier ses points de vue et d'écouter les bruits qui viennent de tous les côtés de l'horizon.

C'est ce que fit M. Littré toute sa vie. Je regrette cependant, comme vous, que ce grand et fidèle ami de la vérité se soit renfermé dans une école portant un nom déterminé, et ait salué comme son maître un homme qui, bien que considérable à beaucoup d'égards, ne méritait pas un tel hommage. Si je m'abandonnais à mon goût personnel, je serais peut-être aussi peu favorable que vous à M. Auguste Comte, qui me semble, le plus souvent, répéter en mauvais style ce qu'ont pensé et dit avant lui, en très bon style, Descartes, d'Alembert, Condorcet, Laplace. Mais je me défie de mon avis, car je suis un peu, à l'égard de ce penseur distingué, dans la situation d'un jaloux. M. Littré avait pour moi une bonté dont je garde un profond souvenir ; je sentais cependant qu'il m'aurait aimé beaucoup plus si j'avais voulu être comtiste. J'ai fait ce que j'ai pu ; je n'ai pas réussi. Je sentais chez lui un reproche secret. Quand nous nous trouvions tous les deux seuls à nos séances de l'*Histoire littéraire de la France* de l'Académie des inscriptions et belles-lettres, je me croyais en face d'un confesseur, mécontent de moi pour quelque motif secret qu'il ne me disait pas. Cela me troublait. Pas plus que vous, Monsieur, je ne suis donc en situation de rendre pleine justice à M. Comte. Je ne puis cependant m'empêcher d'être ému quand je vois tant d'hommes de valeur, en France, en Angleterre, en Amérique, accepter ce nom comme un drapeau. Avec l'habitude que je peux avoir des choses de l'esprit humain, je suis amené à croire que M. Comte sera une étiquette dans l'avenir, et qu'il occupera une place importante dans les futures histoires de la philosophie. Ce sera une erreur, j'en conviens ; mais l'avenir commettra tant d'autres erreurs ! L'humanité veut des noms qui lui servent de types et de chefs de file ; elle ne met pas dans son choix beaucoup de discernement.

Le positivisme, dites-vous, dans ses applications à la politique, n'a pas vu ses prophéties réalisées. Cela est très vrai. La condition du prophète est devenue de nos jours singulièrement difficile. La politique et la philosophie n'ont plus grand-chose à faire ensemble. Connaissez-vous une école qui ait mieux deviné ces jeux de la force, de la passion et du hasard, qu'on a bien tort assurément de vouloir assujettir à des lois? Pour moi, je ne vois pas une théorie politique au nom de laquelle on ait le droit de jeter la première pierre aux théories vaincues. Je ne vois qu'une différence, c'est que le principal représentant du positivisme a confessé son erreur, tandis que nous attendons encore l'aveu de ceux qui n'ont pas été plus infaillibles que lui.

A la philosophie de M. Littré vous en préférez une

autre, qui, vous le supposez, aurait ici « un dernier refuge ». Ah! ne vous y fiez pas trop, Monsieur. La zone de notre protection littéraire est bien large; elle s'étend depuis Bossuet jusqu'à Voltaire. Souvent, nous aimons à être l'asile des vaincus ; la cause qui aurait chez nous son dernier refuge pourrait donc être assez malade. Nous ne patronnons pas les doctrines ; nous discernons le talent. Voilà comment nous n'avons jamais de déconvenues ni de démentis. Tout passe, et nous ne passons pas; car nous ne nous attachons qu'à deux choses qui, nous l'espérons, seront éternelles en France : l'esprit et le génie. Nous respectons toutes les formes dont on peut revêtir une croyance élevée. Vous vous servez de deux mots, par exemple, dont, pour ma part, je ne me sers jamais, spiritualisme et matérialisme. Le but du monde, c'est l'idée ; mais je ne connais pas un cas où l'idée se soit produite sans matière ; je ne connais pas d'esprit pur ni d'œuvre d'esprit pur. L'œuvre divine s'accomplit par la tendance intime au bien et au vrai qui est dans l'univers; je ne sais pas bien si je suis spiritualiste ou matérialiste. —

Il est prudent de n'associer le sort des croyances morales à aucun système. Le mot de l'énigme qui nous tourmente et nous charme ne nous sera jamais livré. Pour moi, quand on nie ces dogmes fondamentaux, j'ai envie d'y croire ; quand on les affirme autrement qu'en beaux vers, je suis pris d'un doute invincible. J'ai peur qu'on n'en soit trop sûr, et, comme la mystique dont parle Joinville, je voudrais par moments

brûler le paradis par amour de Dieu. C'est le doute, en
pareil cas, qui fait le mérite. La grandeur des vérités
de cet ordre est de se présenter à nous avec le double
caractère d'impossibilités physiques et d'absolues né-
cessités morales. Si je vois la vertu songer trop à ses
placements sur une vie éternelle, je suis tenté de lui
insinuer discrètement la possibilité d'un mécompte.
L'humanité doit sûrement être écoutée en ses instincts ;
l'humanité, au fond, a raison ; mais dans la forme,
dans le détail, oh ! la chère et touchante rêveuse,
comme sa piété peut l'égarer ! Et cela est tout simple ;
il est des questions insolubles sur lesquelles le sentiment moral veut une réponse. On prend à cet égard les
plus belles résolutions de sobriété intellectuelle, et on
ne les tient pas. Notre grand Littré passa toute sa vie
à s'interdire de penser aux problèmes supérieurs et à
y penser toujours. Pauvre bonne conscience humaine !
que d'efforts elle fait pour saisir l'insaisissable ! Comme
on aime à la voir se gourmander, se reprendre, se
critiquer, se maudire, s'irriter contre elle-même, se
remettre à l'œuvre après chaque découragement, pour
renfermer dans une formule ce qu'il lui est interdit
de savoir et ce qu'elle ne peut se résigner à igno-
rer !

Vous avez mille fois raison, Monsieur, quand vous
mettez au-dessus de tout pour le progrès de l'esprit
humain le savant qui fait des expériences et crée des
résultats nouveaux. M. Comte n'en a pas fait ; mais je
vois dans votre Académie d'habiles inventeurs qui dé-
clarent cependant lui devoir beaucoup. Littré non plus

n'a pas fait d'expériences ; mais vraiment il n'en pouvait pas faire ; son champ, c'était l'esprit humain, on ne fait pas d'expériences sur l'esprit humain, sur l'histoire. La méthode scientifique, en cet ordre, est ce qu'on appelle la critique. Ah ! sa critique, je vous assure, était excellente. Il ne s'agit pas seulement, en ces obscures matières, de savoir ce qui est possible, il s'agit de savoir ce qui est arrivé. Ici la discussion historique retrouve tous ses droits. Ce que Pascal a dit de l'esprit de finesse et de l'esprit géométrique reste la loi suprême de ces discussions, où le malentendu est si facile. Les problèmes moraux exigent ce qu'on peut appeler la critique générale. Ils ne se laissent point attaquer par la méthode scolastique. Pour être apte à jouir de ces vérités, qu'on aperçoit, non de face, mais de côté et comme du coin de l'œil, il faut la culture variée de l'esprit, la connaissance de l'humanité, de ses états divers, de ses faiblesses, de ses illusions, de ses préjugés, à tant d'égards fondés, en raison de ses respectables absurdités ; — il faut l'histoire de la philosophie, qui parfois rend religieux, l'histoire de la religion, qui souvent rend philosophe, l'histoire de la science, qui devrait toujours rendre modeste ; — il faut la connaissance d'une foule de choses qu'on apprend uniquement pour voir que ce sont des vanités ; — il faut, par-dessus tout, l'esprit, la gaieté, la bonne santé intellectuelle d'un Lucien, d'un Montaigne, d'un Voltaire. Et le résultat final, c'est encore que le plus grand des sages a été l'Ecclésiaste, quand il représente le monde livré aux disputes des hommes, pour qu'ils n'y comprennent rien depuis un

bout jusqu'à l'autre. Qu'importe, après tout, puisque le
coin imperceptible de la réalité que nous entrevoyons
est plein de ravissantes harmonies, et que la vie, telle
qu'elle nous a été octroyée, est un don excellent et pour
chacun de nous la révélation d'une bonté infinie?

« Celui qui proclame, dites-vous, l'existence de l'infini accumule dans cette affirmation plus de surnaturel qu'il n'y en a dans tous les miracles de toutes
les religions. » Vous allez, je crois, un peu loin, Monsieur ; vous donnez là un certificat de crédibilité à
des choses étranges. Permettez-moi une distinction.
Dans le champ de l'idéal, oh ! vous avez raison ; là on
peut évoluer durant toute l'éternité sans se rencontrer
jamais. Mais l'idéal n'est pas le surnaturel particulier,
qui est censé avoir fait son apparition à un point du
temps et de l'espace. Celui-ci tombe sous le coup de la
critique. L'ordre du possible, qui touche de près à
celui du rêve, n'est pas l'ordre des faits. Les religions se donnent comme des faits et doivent être dis-
cutées comme des faits, c'est-à-dire par la critique
historique. Or, les faits surnaturels, du genre de ceux
qui remplissent l'histoire religieuse, M. Littré excelle
à montrer qu'ils n'arrivent pas ; et, s'ils n'arrivent pas,
n'est-ce point le cas de se poser la question de Cicéron :
« Pourquoi ces forces secrètes ont-elles disparu ? Ne
serait-ce pas parce que les hommes sont devenus
moins crédules ? »

La méthode de M. Littré reste donc excellente dans
l'ordre des faits auxquels il l'applique d'ordinaire. Les
faits où l'on croit voir des interventions de volontés

particulières, supérieures à l'homme et à la nature, disparaissent à mesure qu'on les serre de plus près. Aucun fait historique de ce genre n'est prouvé ni dans le présent, ni dans le passé, — j'entends prouvé sérieusement, d'une de ces preuves qui excluent toute chance d'erreur, — d'une de ces preuves comme celles que M. Biot vous demandait et que vous lui avez fournies, — d'une de ces preuves telles que vous les exigez de vos contradicteurs et que rarement ils peuvent vous fournir. Or il n'est pas conforme à l'esprit scientifique d'admettre un ordre de faits qui n'est appuyé sur aucune induction, sur aucune analogie. *Quod gratis asseritur gratis negatur*. Croyez-moi, Monsieur, la critique historique a ses bonnes parties. L'esprit humain ne serait pas ce qu'il est sans elle, et j'ose dire que vos sciences, dont j'admire si hautement les résultats, n'existeraient pas s'il n'y avait, à côté d'elles, une gardienne vigilante pour empêcher le monde d'être dévoré par la superstition et livré sans défense à toutes les assertions de la crédulité.

Soyez donc indulgent, Monsieur, pour des études où l'on n'a pas, il est vrai, l'instrument de l'expérience, si merveilleux entre vos mains, mais qui, néanmoins, peuvent créer la certitude et amener des résultats importants. Permettez-moi de vous rappeler votre belle découverte de l'acide droit et de l'acide gauche. Il y a aussi dans l'ordre intellectuel des sens divers, des oppositions apparentes qui n'excluent pas au fond la similitude. Il y a des esprits qu'il est aussi impossible de ramener l'un à l'autre qu'il est impossible, selon la comparaison

dont vous aimez à vous servir, de faire rentrer deux
gants l'un dans l'autre. Et pourtant les deux gants
sont également nécessaires ; tous deux se complètent.
Nos deux mains ne se superposent pas ; mais elles peuvent se joindre. Dans le vaste sein de la nature,
les efforts les plus divers s'ajoutent, se combinent et
aboutissent à une résultante de la plus majestueuse
unité.

Par sa science colossale, puisée aux sources les plus
diverses, par la sagacité de son esprit et son ardent
besoin de vérité, Littré a été à son jour une des con-
sciences les plus complètes de l'univers. Le moment où
il est venu au monde est un âge particulier, comme
tous les autres âges, dans l'histoire de notre globe et
de l'humanité. Mais sa haute vie l'a mis en rapport
avec l'esprit éternel qui agit et se continue à travers les
siècles ; il est immortel. Il a compris son heure mieux
que personne ; il a vécu et senti avec l'humanité de son
temps ; il a partagé ses espérances, si l'on veut ses
erreurs ; il n'a reculé devant aucune responsabilité.
Penseur, il ne vécut que pour le vrai. En politique, il
suivit la règle que doit s'imposer le patriote conscien-
cieux : il ne sollicita aucun mandat ; il n'en refusa
aucun. Son honnêteté supérieure couvrit tout, en l'éle-
vant à ces hauteurs où ce que les uns blâment, ce que
les autres approuvent, n'est plus que raison imperson-
nelle, dévouement et devoir.

Dans ses dernières années, il vit la forme de gouver-
nement pour laquelle il avait toujours combattu devenir
une réalité. Vous croyez peut-être qu'il va triompher.

Triompher ! oh ! sentiment dénué de sens pour une âme
philosophe ! Le lendemain de sa victoire, Littré est plus
modeste que jamais. Il a l'air de redouter son succès ;
il se repent presque ; je dis mal ; non, il ne se repent
pas ; mais il devient le sage accompli ; il se fait le con-
seiller, le modérateur de ses compagnons de lutte, si
bien que les esprits superficiels cessèrent de le comprendre, et peu s'en fallut qu'il ne fût aussi appelé traître
à son jour. Il vit juste ; car il vit la solution suprême
des problèmes de la politique contemporaine dans la
liberté, non dans cette collision puérile où chacun
invoque à son profit un principe dont il est bien décidé
à ne pas faire profiter les autres, mais dans la vraie
liberté, égale pour tous, fondée sur la notion de la
neutralité de l'État en fait de choses spéculatives. La
mesure qu'il voulait pour lui, il la réclamait pour les
autres, même quand il savait que ceux-ci ne lui rendraient
pas la pareille s'ils étaient les maîtres. Il ne se faisait
à cet égard aucune illusion ; un an avant sa mort, il
appelle encore le catholicisme « l'adversaire naturel de
toutes les libertés » ; mais, tolérant pour les intolérants,
il réclamait l'application abstraite des principes. Il était
persuadé que les tolérants posséderont la terre et que
le libéralisme qui n'a pas peur de la liberté des autres
est le signe de la vérité. En 1872, visitant un phare sur
les côtes de Bretagne, il tomba de la hauteur d'un premier étage ; il en fut quitte pour quelques contusions ;
un journaliste des environs regretta qu'il ne se fût
pas tout à fait rompu le cou. « Nous ne pensions pas de
même sur les croyances théologiques, » ajoute M. Littré

en racontant cette histoire, et telle est la forme que prenait son dissentiment.

S'il fut quelquefois faible, ce fut toujours par bonté. Nous vivons dans un temps où il y a des inconvénients à être poli; on vous prend à la lettre. M. Littré avait pour principe de ne rien faire pour éviter les malentendus. Il votait souvent pour ses adversaires, afin de s'assurer à lui-même qu'il était bien impartial. Quel homme, Monsieur, et que vous avez eu raison de le comparer à un saint! On ne trouve à reprendre en lui que des excès de vertu.

Lui manqua-t-il, en effet, quelque chose? il ne lui manqua que des défauts. Parfois peut être on regrettait qu'il ne sût pas sourire. L'ironie lui échappait; il ne la comprenait pas en philosophie; elle lui déplaisait en politique. Or, le monde prêtant à la fois au rire et à la pitié, la gaieté a bien aussi sa raison d'être; une foule de choses ne peuvent s'exprimer que par là. Socrate trouvait son profit aux soupers d'Aspasie; Littré n'aima que la bonté. Il prit la meilleure part; c'est la bonté qui fait vivre. Il se plaisait avec le peuple; il était compris et apprécié de lui. Heureux celui qui est assez grand pour que les petits l'admirent! La vraie grandeur c'est d'être vu grand par l'œil des humbles. Le chef-d'œuvre de Spinoza fut d'avoir été estimé de son logeur. Ce brave homme ne savait pas un mot des systèmes de son hôte; il n'avait vu en lui qu'un homme bien tranquille, un parfait locataire. Ce furent ses renseignements qui fournirent à Colerus les traits de cette Vie admirable qui, bien plus que l'*Éthique démontrée géométriquement,* a fait de Spinoza un des saints de l'âge moderne. Littré, de même, avait le goût des simples; les simples le lui rendirent. Quand il allait en Bretagne il remplissait de respect ces bonnes gens de Plouha et de Roscoff, qui le prenaient pour un ecclésiastique. Il nous a raconté comment, étant à Lion-sur-Mer, sur la plage, deux messieurs vinrent à passer: « Voilà Littré, dit l'un deux. — Littré! dit l'autre, il a l'air d'un vieux prêtre. »

C'était là sa vraie définition. Grâce à lui et à quelques autres comme lui, la libre philosophie de notre âge a possédé dans son sein des vertus susceptibles d'être comparées à celles dont les religions sont le plus fières. Nature essentiellement religieuse, il ne douta que par la foi profonde et par respect de la vérité. Littré a vraiment été une gloire de notre patrie et de notre race. En lui s'est montré au plus haut degré ce que « le peuple gallican », comme on disait au moyen âge, a de droiture, de sincérité, d'honnêteté, et, sous apparence révolutionnaire, de sage réserve et de prudente raison. Sa foi dans le bien fut absolue; les mobiles inférieurs de la vie, l'intérêt, les jouissances, le plaisir, furent chez lui entièrement subordonnés à la poursuite que sa conviction lui marquait comme le devoir.

La fin d'une si belle vie aurait dû être calme, douce et consolée. Mais cette marâtre nature qui récompense si mal ici-bas ce qu'on fait pour coopérer à ses fins montra, en ce qui le concerne, sa noire ingratitude. Les dernières années de notre éminent confrère furent remplies par de cruelles souffrances. Dans un écrit intitulé:

Pour la dernière fois, il fit entendre sa plainte doucement résignée : « Je ne suis pas stoïcien, dit-il, et je n'ai jamais nié que la douleur fût un mal. Or, depuis bien des mois, la douleur m'accable avec une persistance désespérante. Cornélius Népos rapporte que son beau-père Atticus, étant parvenu à l'âge de soixante-dix-sept ans et se sentant atteint d'une maladie incurable, appela auprès de lui son gendre et sa fille. Il leur exposa son état et leur demanda la permission de sortir d'une vie qui allait finir bientôt, et d'abréger ainsi la durée de ses souffrances…. Cette véridique histoire m'est revenue bien souvent en l'esprit, sans que je prémédite rien de semblable à la résolution d'Atticus, sachant qu'aucune permission ne me serait donnée !… »

Sa foi ne fut nullement atteinte par l'affaiblissement des organes. « Dans les temps modernes, dit-il à la fin du morceau que je citais tout à l'heure et qui est en quelque sorte son testament philosophique, est survenu un grave événement d'évolution, qui n'est plus ni une hérésie ni une religion nouvelle. Le ciel théologique a disparu, et à sa place s'est montré le ciel scientifique ; les deux n'ont rien de commun. Sous cette influence, il s'est produit un vaste déchirement dans les esprits. Il est bien vrai qu'une masse considérable est restée attachée à l'antique tradition. Il est bien vrai aussi que, dans la tourmente morale qui s'ensuit, plusieurs, renonçant aux doctrines modernes, retournent au giron théologique. Quoi qu'il en soit de ce va-et-vient qui demeure trop individuel pour fournir

une base d'appréciation, deux faits prépondérants con-
tinuent à exercer leur action sociale. Le premier, c'est
le progrès continu de la laïcité, c'est-à-dire de l'État
neutre entre les religions, tolérant pour tous les cultes et
forçant l'Église à lui obéir en ce point capital ; le second,
c'est la confirmation incessante que le ciel scientifique reçoit de toutes les découvertes, sans que le ciel
théologique obtienne rien qui en étaye la structure
chancelante. »

« Je me résigne, ajoute-t-il, aux lois inexorables de
la nature... La philosophie positive, qui m'a tant se-
couru depuis trente ans, et qui, me donnant un idéal,
la soif du meilleur, la vue de l'histoire et le souci de
l'humanité, m'a préservé d'être un simple négateur,
m'accompagne fidèlement en ces dernières épreuves.
Les questions qu'elle résout à sa manière, les règles
qu'elle prescrit en vertu de son principe, les croyances
qu'elle déconseille au nom de notre ignorance de tout
absolu, je viens, aux pages qui précèdent, d'en faire un
examen que je termine par la parole suprême du début :
Pour la dernière fois. »

J'ai toujours eu peine, je l'avoue, devant les cercueils
illustres, à partager cette héroïque résignation. « La
mort, selon une pensée qu'admire M. Littré, n'est
qu'une fonction, la dernière et la plus tranquille de
toutes. » Pour moi, je la trouve odieuse, haïssable, in-
sensée, quand elle étend sa main froidement aveugle
sur la vertu et le génie. Une voix est en nous, que
seules les bonnes et grandes âmes savent entendre, et
cette voix nous crie sans cesse : « La vérité et le bien

sont la fin de ta vie; sacrifie tout le reste à ce but »; et quand, suivant l'appel de cette sirène intérieure, qui dit avoir les promesses de vie, nous sommes arrivés au terme où devrait être la récompense, ah! la trompeuse consolatrice! elle nous manque. Cette philosophie, qui nous promettait le secret de la mort, s'excuse en balbutiant, et l'idéal, qui nous avait attirés jusqu'aux limites de l'air respirable, nous fait défaut quand, à l'heure suprême, notre œil le cherche. Le but de la nature a été atteint; un puissant effort a été tenté; une vie admirable a été réalisée, et alors, avec cette insouciance qui la caractérise, l'enchanteresse nous abandonne, et nous laisse en proie aux tristes oiseaux de nuit.

Mais laissons là ces amères pensées; car il est quelque chose que nous gardons de lui: ce sont les leçons qu'il nous a données, cet ardent amour du droit et de la vérité, qui ont été l'âme de sa vie. La patrie, qu'il a tant aimée, la science, qu'il a préférée à lui-même, la vertu, dont il fit la règle de sa conduite, sont des choses éternelles. Nous entendrons toujours ces sages paroles qui semblaient, par leur calme gravité, venir du fond d'un tombeau, et nous dirons pour finir par une grande pensée de lui: « Le temps, qui est beaucoup pour les individus, n'est rien pour ces longues évolutions qui s'accomplissent, dans la destinée de l'humanité. Déjà, du sein de la vie individuelle, il est permis de s'associer à cet avenir, de travailler à le préparer, de devenir ainsi, par la pensée et par le cœur, membre de la société éternelle, et de trouver en cette association pro-

fonde, malgré les anarchies contemporaines et les dé-
couragements, la foi qui soutient, l'ardeur qui vivifie,
et l'intime satisfaction de se confondre sciemment avec
cette grande existence, satisfaction qui est le terme de
la béatitude humaine. »

Votre dévouement ʳabsolu à la science vous donnait
le droit, Monsieur, de succéder à un tel homme et de
rappeler ici cette grande et sainte mémoire. Vous
trouverez à nos séances un délassement pour votre
esprit toujours préoccupé de découvertes nouvelles.
Cette rencontre en une même compagnie de toutes les
opinions et de tous les genres d'esprit vous plaira : ici
le rire charmant de la comédie, le roman pur et tendre,
la poésie au puissant coup d'aile ou au rhythme har-
monieux ; là, toute la finesse de l'observation morale,
l'analyse la plus exquise des ouvrages de l'esprit, le
sens profond de l'histoire. Tout cela n'ébranlera pas
votre foi en vos expériences ; l'acide droit restera l'acide
droit ; l'acide gauche restera l'acide gauche. Mais vous
trouverez que les prudentes abstentions de M. Littré
avaient du bon. Vous assisterez avec quelque intérêt
aux peines que se donne notre philosophie critique
pour faire la part de l'erreur, en se défiant de ses pro-
cédés, en limitant l'étendue de ses propres affirmations.
A la vue de tant de bonnes choses qu'enseignent les
lettres, en apparence frivoles, vous arriverez à penser
que le doute discret, le sourire, l'esprit de finesse dont
parle Pascal, ont bien aussi leur prix. Vous n'aurez
pas chez nous d'expériences à faire ; mais cette modeste

observation que vous maltraitez si fort suffira pour
vous procurer de bien douces heures. Nous vous com-
muniquerons nos hésitations; vous nous communiquerez
votre assurance. Vous nous apporterez surtout votre
gloire, votre génie, l'éclat de vos découvertes. Soyez le
bienvenu, Monsieur.

FIN

PARIS. — IMPRIMERIE CHAIX, 20, RUE BERGÈRE. — 10792-2.

www.ingramcontent.com/pod-product-compliance
Lightning Source LLC
LaVergne TN
LVHW022147080426
835511LV00008B/1314